T0166142

**COLLECTION DIRIGÉE PAR
PATRICK SMETS**

PARUS

PASCAL SALIN,
LIBÉRONS-NOUS !

CÉDRIC PARREN,
LE SILENCE DE LA LOI

FRANÇOIS MONTI,
PROHIBITIONS

BENOÎT MALBRANQUE,
D'OR ET DE PAPIER

EMMANUEL MARTIN,
L'ARGENT DES AUTRES

H16,
PETIT TRAITÉ D'ANTI-ÉCOLOGIE

PIERRE-OLIVIER DRAI,
SELF-SÉCURITÉ

À PARAÎTRE

COPEAU,
LES RENTIERS DE LA GLOIRE

DRIEU GODEFRIDI

LA LOI DU GENRE

LES BELLES LETTRES
2015

www.lesbelleslettres.com

*Retrouvez Les Belles Lettres
sur Facebook et Twitter.*

© *2015, Société d'édition Les Belles Lettres
95 bd Raspail 75006 Paris.*

ISBN : 978-2-251-50305-9

INTRODUCTION

Tandis que s'écharpent politiques et éditorialistes français sur la question de l'existence de la théorie du genre, celle-ci se trouve consacrée depuis 2011, dans sa version radicale, par une convention du Conseil de l'Europe qui s'imposera bientôt aux délibérations du Parlement français.

Ainsi la théorie du genre atteignait-elle l'apogée de la puissance normative, avant même que la plupart des citoyens n'en aient jamais entendu parler.

Le sacre contemporain du genre marque une quadruple révolution : culturelle, conceptuelle, politique et juridique. Culturelle, avec la remise en cause de l'altérité sexuelle. Conceptuelle, avec un brouillage des notions du masculin, du féminin, du sexe ou de la violence. Politique, car le genre est désormais une référence constante dans la sphère publique. Juridique enfin, avec l'irruption en droit pénal d'une nouvelle collection d'incriminations, qui soumettent les individus à la censure, non pas d'une norme, mais de ceux qui sont chargés de l'appliquer.

Le genre, comme théorie, se compose de deux branches, jaillissant d'un tronc commun. Dans sa branche homosexualiste[1], le genre vise à déconstruire la norme hétérosexuelle, pour lui substituer la prolifération de genres alternatifs. Dans sa composante féministe, le genre prétend promouvoir les intérêts de la femme, en imposant une identité des rôles masculins et féminins.

Montrer le triomphe du genre en droit. Proposer une synthèse du vaste champ des études de genre. Examiner la controverse : le genre, études ou théorie ? Comprendre les fondements et objectifs, les contradictions, des deux branches du genre. Illustrer, par des exemples

---

1. Précisons d'emblée qu'il ne s'agit en aucune façon, dans cet essai, de questionner le fait homosexuel, qui nous paraît aussi naturel que le soleil, la pluie et l'hétérosexualité, seulement une théorie particulière.

concrets, l'ambition révolutionnaire des partisans du genre. Faire voir que le triomphe du genre est celui de l'arbitraire en droit.

Voilà le projet de ce texte.

PROLOGUE-
LE CAS BRUCE REIMER

Victime, à l'âge de sept mois, d'une circoncision ratée qui lui carbonise le pénis, Bruce Reimer fut confié par ses parents aux soins du docteur John Money.

Titulaire de masters en psychologie et science de l'éducation, docteur en psychologie de l'université de Harvard, John Money enseigne, à l'époque (1966), au Centre médical de la prestigieuse université Johns Hopkins, de Baltimore (Maryland). Il est un académique renommé, dont les travaux fondateurs sur le genre, l'identité de genre, les rôles de genre lui valent un accès régulier aux médias de masse. C'est via la télévision que les parents de Bruce Reimer entrèrent en contact avec lui.

Constatant qu'il n'était pas possible de remplacer le pénis calciné du petit

Bruce – alors âgé de 22 mois –, Money recommanda tranquillement à ses parents de transformer leur fils en fille. Money soutient en effet la thèse de l'indifférenciation sexuelle des enfants jusqu'à l'âge de deux ans. D'un *background* plutôt rural, comme l'écrira lui-même Money, les parents de Bruce s'en remirent à la science, l'assurance et la faconde de leur interlocuteur, dont ils acceptèrent les préconisations. Bruce fut rebaptisé Brenda, on procéda à la castration de ses testicules et des œstrogènes – hormones féminines – lui furent administrés, dans l'attente d'une vaginoplastie. Money mit en garde les parents : il s'agissait maintenant d'élever Brenda comme une petite fille. Sous cette condition, le succès lui paraissait assuré : la base biologique – le sexe – ayant été corrigée, le reste – le genre – n'était plus qu'affaire d'éducation.

Dans son ouvrage *Man & Woman, Boy & Girl*, publié en 1972, Money célèbre le succès de cette entreprise de réattribution sexuelle, même s'il a l'élégance de donner le beau rôle à la maman de Brenda, qui mit un point d'honneur à l'élever en effet comme une parfaite petite fille.

On songe au cas fondateur de la psychanalyse, Anna O., de son vrai nom Bertha Pappenheim, que Freud décrit comme traitée avec succès, alors qu'il n'en était rien. « Brenda » ne se sentit jamais vraiment fille, ses prédilections masculines s'accentuèrent, il refusa la vaginoplastie, les collègues du docteur John Money dénoncèrent publiquement l'imposture de cette réattribution sexuelle ratée et les parents de Bruce accusèrent Money d'être, avec ses théories, à l'origine du mal-être de leur enfant. « Brenda » finit par exiger de redevenir le garçon qu'il estimait n'avoir jamais cessé d'être et, d'opérations en prises d'hormones masculines, il redevint légalement un homme, sous le prénom de David. Enfin, il se maria. La fin de cette histoire est tragique, puisque David Reimer mit fin à ses jours, en 2004.

Tout du long, il ne cessa d'accuser John Money d'avoir été son docteur Frankenstein.

1- EN DROIT

Les philosophes partagent avec les mages et les enfants le goût des systèmes déconnectés de la réalité. L'usage est de ne pas s'alarmer de la profusion de théories fantaisistes qui émergent des facultés de sciences humaines.

Pourquoi s'intéresser à une théorie telle que le genre ?

> Les Parties prennent les mesures nécessaires pour promouvoir les changements dans les modes de comportement socioculturels des femmes et des hommes en vue d'éradiquer les préjugés, les coutumes, les traditions et toute autre pratique fondés sur […] un rôle stéréotypé des femmes et des hommes.

Tel est le libellé de l'article 12 de la convention d'Istanbul, adoptée en 2011 par le Conseil de l'Europe. L'ambition est claire : les parties, *i.e.* les États membres du Conseil de l'Europe – huit cents millions de citoyens –, doivent *éradiquer* – un vocable qui évoque la Sainte Inquisition – les préjugés, coutumes, traditions et pratiques – rien n'échappe au geste révolutionnaire des experts rédacteurs de la convention – fondés sur un rôle stéréotypé des femmes et des hommes.

Un stéréotype est une représentation culturelle, c'est-à-dire une idée, une généralisation au sujet d'un groupe. La culture européenne est constellée de généralisations sur les fonctionnaires, les entrepreneurs, les « bobos », les riches et les pauvres, les jeunes et les vieux, etc. Qu'il existe, en ce sens, des stéréotypes sur les hommes et les femmes n'est pas contestable. Les hommes sont réputés plus forts physiquement que les femmes, qui sont censées posséder davantage d'affinités avec la maternité ; il arrive que l'on prête aux femmes une plus grande empathie, aux hommes une plus grande propension à la compétition, etc. Au vrai, les représentations culturelles de l'homme et de la femme sont si nombreuses, variées et contradictoires, qu'il paraît malaisé de les cartographier, même dans un segment de temps et d'espace limité – par exemple, la France au début du XXIe siècle. Ne songeons qu'aux contrariétés entre les visions de l'homme et de la femme qu'entretiennent les « bobos » parisiens, plus généralement la gauche laïque française, et celles qui animent les musulmans français qui prennent le Coran au sérieux.

Toujours est-il que c'est la totalité des représentations culturelles de l'homme et de la femme, sans exception ni réserve, que la convention d'Istanbul entend éradiquer, c'est-à-dire non seulement problématiser, questionner, relativiser, mais supprimer, annihiler. Il s'agit de réduire à néant un système culturel, pour le remplacer par un nouveau modèle – qui reste, dans sa version positive et propositionnelle, à inventer.

L'éradication de toute pratique fondée sur les représentations hommes/femmes est équipollente à l'éradication des concepts mêmes d'homme et de femme. En effet, pourquoi maintenir, comment maintenir les concepts d'homme et de femme dès lors que sont mis hors la loi – littéralement, criminalisés – les préjugés, coutumes, traditions et pratiques qui leur sont en aucune façon, et sans exception, liés ? Ce serait comme maintenir, en droit, une distinction sans effet juridique.

Il n'a fallu qu'une vingtaine d'années pour que l'idéologie du genre, dans sa version radicale, soit consacrée par l'un des plus éminents cénacles normatifs internationaux. Cela à une époque (2011) où probablement pas 1 % des destinataires finaux de la convention d'Istanbul – les citoyens de France, d'Allemagne, d'Italie, de Grèce, etc. – n'avaient jamais entendu parler des études, de la théorie ou de l'idéologie du genre.

2 - PRÉSENTATION DE LA THÉORIE DU GENRE

On distingue le sexe, comme donnée biologique, et le genre, comme représentation culturelle qui vient, en quelque façon, se « greffer » au sexe. Fermement enraciné dans le terreau de la nature, le sexe induit les représentations culturelles du genre. Le genre renseigne, dans une culture donnée, ce qui est réputé masculin ou féminin.

Que les représentations culturelles de l'homme et de la femme dans la France et l'Arabie saoudite du XXIe siècle ne concordent guère, pas plus que dans la République de 1958 et le royaume de François Ier, n'est contesté par personne. Pas davantage, les spécificités culturelles

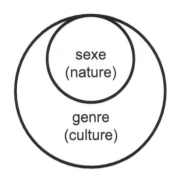

Schéma 1 :
Sexe naturel : le modèle classique

au sens large (juridiques, morales) de la femme romaine rapportée à l'Italienne de nos jours. Telle est la relativité, historique et spatiale, des catégories du masculin et du féminin.

C'est l'analyse et l'étude de cette relativité que se sont données pour objet les études de genre, qui prenaient leur essor, dans les années 1960, aux États-Unis. L'ambition affichée était de décrire cette relativité des catégories du masculin et du féminin, d'en comprendre les ressorts, de sourcer tel et tel ensemble de représentations culturelles particulières (l'Américaine d'après-guerre, le masculin chez les Batak de Sumatra, etc.), de les comparer, d'en cerner la part d'universalité.

Comment nier la légitimité d'un tel programme de connaissance ? Comment ne pas voir l'intérêt de la compréhension des mécanismes, subtils ou grossiers, qui président historiquement au destin, moral et juridique, affectif et familial, de l'homme et de la femme ? De ce point de vue descriptif et cognitif au sens strict, qui est bel et bien celui de la science, les études de genre relèvent du champ de la connaissance.

Bien vite, toutefois, se dessina au creux des études de genre un courant qui ne visait plus tant à connaître son objet, à le décrire et le comprendre, qu'à le transformer. Se construisant principalement sur des cas d'hermaphrodisme et de transgenre, cas limites de la biologie humaine – par « biologie », on désignera dans la suite de ce texte tout ce qui relève de la biologie au sens large, des chromosomes aux hormones, en passant par l'anatomie –, ce nouveau bouillonnement des études de genre ne se contentait plus de constater la relativité du genre : il en affirmait le caractère arbitraire. Ce ne sont plus seulement les catégories de l'homme et de la femme en Amérique du Nord qui sont relativisées, cernées pour être comparées avec leurs équivalents slaves ou européens : il est désormais affirmé que les concepts « homme » et « femme » sont de simples inventions culturelles. Qu'« homme » et « femme » sont non seulement des notions variables dans le temps et dans l'espace, mais qu'elles sont arbitraires, conventionnelles et qu'on pourrait s'en passer.

Ce nouveau courant, qui domine les études de genre contemporaines, prend sa source dans une distinction formulée par l'Écossais David Hume, au XVIIIe siècle, entre l'être et le devoir-être. La réalité et la morale relèvent de deux registres distincts. Ce n'est pas parce qu'une chose est comme ceci ou comme cela, qu'elle doit l'être. Par exemple, ce n'est pas parce que le crime de sang est une réalité inhérente à toute société humaine, que le crime est légitime. Ainsi le genre relève-t-il d'un registre, celui de la culture, qui ne doit pas se laisser dicter sa loi par la nature, en l'occurrence la distinction des sexes. Pourquoi ne pas envisager des genres qui s'éloigneraient de la dualité, ou binarité, sexuelle ? Pourquoi serions-nous condamnés à faire allégeance, dans le domaine du genre, à cette nature dont nous n'avons de cesse, depuis des siècles, de nous libérer par ailleurs ? Le cadenassage de la culture par les deux sexes « naturels » – le masculin et le féminin – n'est-il pas, en soi, violent et tyrannique à l'égard des préférences subjectives qui s'éloignent de cette binarité ? Sont notamment visés les genres intermédiaires, ni totalement masculins, ni totalement féminins, liés à l'homosexualité. Une branche des études de genre se concentre bientôt sur l'analyse et la promotion de l'homosexualité. Cette branche trouvera sa consécration théorique dans un ouvrage de Judith Butler paru en 1990, *Gender Trouble*.

Jaillissant de la même distinction être/devoir-être, une autre branche des études de genre se préoccupe d'abord et avant tout du sort de la femme. Selon les féministes du genre – c'est ainsi que nous désignerons désormais les tenants du deuxième courant des études de genre, par opposition au genre homosexualiste –, les femmes sont victimes de stéréotypes qui les cantonnent à des rôles moins valorisés, donc moins rémunérés. Le schéma de raisonnement des féministes du genre part générale-ment du constat d'inégalités matérielles entre hommes et femmes, pour remonter aux rôles familiaux et professionnels qui cristallisent ces inégalités, et jusqu'aux stéréotypes légitimant cette distribution différenciée des rôles masculins et féminins.

Avant d'examiner l'argument des deux branches du genre, nous devons dire un mot de la controverse sur la nature de la science du genre : études ou théorie ?

3- ÉTUDES OU THÉORIE ?

Si la notion de théorie convenait à Albert Einstein ou Charles Darwin, les savants en charge des études de genre se hérissent face au vocable de théorie du genre. La théorie du genre n'existe pas, soutiennent-ils, nous dirigeons des études de genre, à caractère scientifique.

Cette affirmation souffre de sa rencontre avec la réalité, à trois niveaux :

Du grec ancien θεωρειν, *theorein*, « contempler, observer, étudier, examiner », une théorie est un ensemble d'explications, de notions ou d'idées sur un sujet donné. Théorie et études sont donc synonymes.

Relevons également que si la théorie du genre foisonne de chapelles concurrentes, un sujet et un corps doctrinal communs fondent l'ensemble de la démarche. Cessera-t-on de parler de « la » physique, de « la » chimie ou « du » marxisme au motif du bourgeonnement de théories divergentes, radicalement inconciliables, en leur sein ?

Si donc il existe une théorie quantique ou marxienne, et si le mot « théorie » a un sens, il existe une théorie du genre, désignant l'ensemble des études sur la relativité historique et spatiale des catégories du masculin et du féminin.

Soulignons encore qu'un nombre important des études de genre actuelles ne se développent pas dans le registre descriptif (décrire ce qui est) – celui de la science –, mais dans le registre normatif (dire ce qui doit être), qui est celui de la politique. De ce point de vue, idéologie du genre conviendrait mieux que théorie.

Passons à l'examen des deux branches constitutives de ce nouvel *hegemon* idéologique, de ce *juggernaut* des idées dont le monde est l'ambition : le genre homosexualiste et le genre féministe.

4- LE GENRE HOMOSEXUALISTE

> « Le "réel" et les "faits sexuels" sont des constructions fantasmatiques – des illusions de substance[2]. »

Le genre contemporain se compose de deux branches : le genre homosexualiste, qui culmine dans l'œuvre de Judith Butler, et le genre féministe. Si ces deux branches partagent un sujet et certains fondements théoriques, pour le reste elles divergent.

Butler propose une théorie du genre qui s'inspire de Friedrich Hegel, par son idéalisme, et de Michel Foucault, avec son concept de relations de pouvoir censées structurer l'histoire de l'humanité.

---

2. Judith BUTLER, *Trouble dans le genre*, Paris, La Découverte, 2005, p. 272.

Idéaliste au sens strict, Butler estime que non seulement le genre ne doit pas se laisser dicter sa loi par la nature, mais que le sexe lui-même est une réalité culturelle. Selon Butler, la nature en tant que telle n'existe pas ; tout est culture. L'homme institue, il crée la réalité par le langage ; rien n'existe réellement en dehors du langage.

Dès lors, la prétention du sexe à figurer une réalité naturelle, sorte de limite ultime aux variations culturelles du genre, est une imposture. Butler en arrive à mettre sens dessus dessous la représentation classique du genre : ce n'est plus le sexe naturel qui induit le genre culturel, c'est le genre culturel qui invente un sexe tout aussi culturel.

« *Do you have a vagina ?* » : à cette question taquine qui lui fut posée lors d'une conférence, Monique Wittig, l'un des précurseurs de Butler, répondit : « Non. » Ce qui est emblématique de la vision idéaliste de la réalité, encore qu'une réponse plus exacte eût été : « Si et quand je veux. »

Dans cette perspective, l'apparente universalité de la distinction des sexes ne doit rien à la nature, et tout à des relations de pouvoir intéressées visant à instituer et maintenir la norme hétérosexuelle, aux dépens des alternatives homosexuelles, bisexuelles, etc. Butler parle d'hétéronormativité, pour signifier la domination culturelle de l'hétérosexualité.

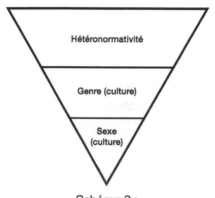

Schéma 2 :
Sexe culturel : le modèle de Judith Butler

La source de son œuvre, Butler ne s'en cache pas, git dans les frustrations qu'elle a ressenties, dans sa jeunesse homosexuelle, face à l'empire de l'hétérosexualité. Son combat, car la philosophe américaine ne s'embarrasse pas de science, son combat donc vise à destituer l'hétéronormativité, pour lui substituer une société dans laquelle tout est légitime, sans prépondérance d'une prédilection sexuelle.

L'objectif, l'utopie de Butler, est un monde dans lequel le masculin et le féminin ne seraient plus que le résidu d'une époque révolue, des genres dépassés et marginalisés dans un foisonnement de genres nouveaux, faisant droit à l'infini chatoiement des possibilités sexuelles. Dans le monde rêvé par Butler (*Gender Trouble*, version originale), l'individu change de genre au gré de ses désirs. Tous les tabous – y compris, c'est même l'un de ses objectifs fondamentaux, le tabou de l'inceste – sont renversés, déconstruits, balayés, pour qu'advienne un univers plus respirable. Et de se laisser aller à citer Foucault célébrant les plaisirs interdits de l'échange sexuel intergénérationnel.

Réduire Butler à ses outrances serait une erreur. D'abord, parce que son système est une réussite intellectuelle, fruit d'une réappropriation originale d'auteurs qu'elle maîtrise. Ensuite parce que s'il revient au docteur John Money d'avoir doté le genre de la grammaire de ses concepts, Butler lui a donné l'assise et le souffle théorique qui lui manquaient. Avec Butler, advient l'idéologie du genre.

D'un point de vue critique, relevons que l'idéalisme – tout est langage, rien n'existe en dehors du langage – est un relativisme, dans sa version la moins sophistiquée. Car si tout est langage, il n'existe aucun critère de vérité extérieur ; à chaque affirmation de Butler peut être opposée une contre-affirmation. L'idéalisme est auto-réfutant, il est sa propre réfutation. Notons également que, tout au long de son ouvrage, Butler concède à plusieurs reprises, en passant, qu'il existe des limites biologiques à la liberté humaine. Outre que cette concession contredit l'idéalisme célébré par ailleurs, on est en droit de se demander pourquoi et comment la biologie serait une limite à l'action de l'homme dans chacune de ses composantes, sauf précisément son sexe. Or, si l'on concède ce statut de frontière à la biologie sexuelle, on retombe dans le modèle classique sexe naturel/genre culturel, et la théorie butlérienne perd sa spécificité.

Il faut encore s'étonner de la pauvreté du concept butlérien de relations de pouvoir. La domination de l'hétérosexualité dans l'histoire humaine, explique Butler, n'a aucun rapport avec la distinction biologique des sexes, puisque celle-ci est une imposture « naturalisée » (*i.e.* faire passer pour naturel ce qui est en fait culturel). Non, selon Butler, la domination hétérosexuelle est le fruit de relations de pouvoir visant à la domination de l'homme hétérosexuel (ce que Butler nomme le phallogocentrisme de l'hétéronormativité). Jamais la philosophe de Berkeley n'entre dans le détail de cette stupéfiante prise de pouvoir universelle, alors que le lecteur était en droit de comprendre comment les membres d'un groupe qui, par hypothèse, n'existe *que* dans l'artifice de leur convention, ont été amenés à se reconnaître dans toutes et chacune des sociétés depuis l'aube de l'humanité. Cet étonnant Fantomas à la puissance mille, dont la parfaite ubiquité spatiale et temporelle n'est pas sans évoquer Dieu, reste à démasquer. Osons une hypothèse concurrente : et si la domination du modèle hétérosexuel n'avait rien à voir avec le Fantomas de Butler, et tout à voir avec le fait que l'humanité naît, chaque jour depuis Lucy, de cette altérité sexuelle qui paraît, à Butler, tellement artificielle ?

« Camarade, je te prie de choisir ton sexe pour chaque jour de la semaine. » D'abord embarrassé, l'enfant de deux ans

et demi trace bientôt des croix hésitantes
dans les cases qui lui sont proposées pour
chaque jour de la semaine. Pour le lundi,
le camarade A.N.232 – les prénoms de
l'époque médiévale ont été supprimés –
coche « garçon », « fem » pour le mardi,
« butch » pour le mercredi, « garçon » à
nouveau le jeudi – ce qui lui vaudra un
mauvais point, deux fois « garçon » la
même semaine !, on ne va pas retomber
dans les errances biologisantes des Temps
obscurs – et « luna » (une création per-
sonnelle du camarade A.N.232, sur une
base *queer* avec des touches YMCA) pour
le vendredi.

Si le genre est un artifice sans corres-
pondant réel, c'est l'humanité qu'on libère
en lui permettant de choisir librement son
sexe. Un avis que partage la Commission
française des droits de l'homme.

5- SEXE LÉGAL CONTRE SEXE BIOLOGIQUE

À la demande de la garde des Sceaux et de la ministre du Droit des femmes, la Commission nationale consultative des droits de l'homme (CNCDH, France) s'est penchée sur l'épineuse question du traitement légal de la transidentité (assemblée plénière du 27 juin 2013).

L'identité de genre, rappelle la commission, est l'expérience intime de son genre vécue par la personne. Généralement, cette identité de genre correspond au sexe. Toutefois, certaines personnes ressentent une identité de genre qui ne correspond pas à leur sexe. La question soumise à la commission est de savoir à quelles conditions un changement de sexe, ou état civil, doit être accordé à ces personnes, de façon à mettre leur sexe en concordance avec leur genre.

Ainsi la question du moins est-elle cohérente : voici une personne qui se sent femme alors qu'elle a un sexe d'homme. À quelles conditions peut-on accepter un changement du sexe légal ? Toute la tradition juridique répond (depuis que de tels changements sont acceptés) : à condition que le sexe biologique de cette personne soit préalablement mis en concordance avec son identité ressentie. Dit autrement, le sexe légal est modifiable si et dès lors que le sexe biologique l'a été. Du gros bon sens, pré-butlérien.

La jurisprudence de la cassation française fixe plus précisément deux conditions : 1) un diagnostic médical de discordance entre le sexe et l'identité de genre et 2) une intervention médicale, hormonale ou chirurgicale, mais irréversible, de changement de sexe.

Voici que la CNCDH balaie ces conditions, qui lui paraissent stigmatisantes, et de prôner une démédicalisation complète du changement de sexe. Quant à la procédure, la commission plaide pour une déjudiciarisation partielle, en la faisant consister en une simple déclaration auprès d'un officier d'état civil, homologuée par un juge. Deux témoignages devraient être joints à la demande, attestant de la bonne foi du requérant.

Encore un pas dans la direction de cette société plus respirable souhaitée par Butler. À y regarder de plus près, le raisonnement de la CNCDH pose néanmoins deux difficultés :

1) Le problème de base étant la discordance entre le sexe biologique et l'expérience intime vécue par la personne (son identité de genre), on ne voit pas en quoi un simple changement d'état civil qui, notons-le, *ne concerne aucun des deux termes de la discordance initiale*, résout le problème. Pour le dire plus clairement, on ne voit pas le rapport. Si X se sent femme avec un sexe d'homme, en quoi le fait de marquer « femme » sur sa carte d'identité, sans changement de sexe biologique, change quoi que ce soit ? L'identité de genre s'épuise-t-elle dans un détail bureaucratique ? Mais alors, pourquoi l'avoir définie comme une expérience intime ? C'est John Money qui, déjà, distinguait l'identité de genre (interne) et le rôle de genre (externe) :

l'état civil, d'évidence, concerne le rôle davantage que l'identité.

2) Qui ne voit que, sous prétexte de détacher le genre de la biologie, c'est en réalité le sexe que la CNCDH détache de la biologie ? Car, en dernière analyse, la seule préconisation signifiante de la CNCDH est que le sexe légal prenne congé du sexe biologique. Qu'on puisse désormais changer de sexe légal sans modifier son sexe biologique. Qu'on devienne femme en conservant un pénis ; ou homme en conservant un vagin – et un système de reproduction féminin parfaitement opérationnel. Ainsi monsieur Untel, si l'avis était suivi, pourrait-il le plus légalement du monde donner naissance à un enfant, en sa qualité d'homme.

Ainsi va la CNCDH.

Passons au genre féministe.

6- LE GENRE FÉMINISTE

> « Il pourrait y avoir (*there might be*) certaines différences naturelles entre les hommes et les femmes[3]. »

Si l'on se risque sans péril à parier sur la hausse future de l'action Butler à la Bourse des idées, les auteurs auxquels nous allons maintenant nous intéresser relèvent plutôt des obligations à haut risque, à n'inclure que dans un portefeuille spéculatif hautement diversifié.

Le genre féministe se distingue du genre homosexualiste par le centre de ses préoccupations : il s'agit de promouvoir les intérêts de la femme.

---

3. Ruth ABBEY, *The Return of Feminist Liberalism*, Acumen, 2011, p. 190.

Les femmes n'ont-elles pas conquis, au moins dans l'orbite occidentale et bien au-delà, l'égalité juridique ? N'ont-elles pas accédé, plus récemment, à cette indépendance financière qui leur permet de régenter leur vie, notamment sentimentale et sexuelle, d'être à l'origine de l'écrasante majorité des demandes de divorce et de s'approprier la décision sur la procréation ? Les injustices faites aux femmes, en raison de leur sexe, sont-elles encore si cruelles ?

D'un mot, selon les auteurs du genre féministe : Oui. De la vaste littérature sur le sujet, retenons quatre injustices : 1) la répartition inégale, aux dépens des femmes, des tâches domestiques ; 2) le cantonnement des femmes dans des rôles socioprofessionnels mal ou pas rémunérés et le fait qu'à fonction identique les femmes sont souvent moins rémunérées que leurs collègues masculins ; 3) le « plafond de verre » : l'accès des femmes aux plus hautes sphères du pouvoir leur est, la plupart du temps, malaisé, voire *de facto* interdit ; 4) enfin la violence, dont les femmes seraient majoritairement victimes. Telles sont les injustices, en forme d'inégalités, qui frappent encore et toujours les femmes, selon les féministes du genre.

La persistance de ces inégalités s'explique par les stéréotypes dont nos sociétés s'obstinent à taxer les femmes. Ainsi sont-elles réputées plus empathiques que les hommes, plus émotives, moins enclines à la compétition, ce qui les destine tout « naturellement » à des métiers subalternes et moins rémunérés. Les féministes du genre incluent généralement à leur schéma explicatif le concept de rôle socio-économique, censé matérialiser les stéréotypes sur le plan professionnel au sens large. Le schéma explicatif est alors le suivant (=> signifie « alors », -> signifie « trouve sa cause dans ») :

Stéréotypes => rôles socio-économiques peu ou mal rémunérés => inégalités matérielles

Même si le raisonnement, qui part des inégalités matérielles, est généralement de type généalogique (*i.e.* on remonte de l'effet à la cause) :

Inégalités matérielles -> rôles socio-économiques peu ou mal rémunérés -> Stéréotypes

De prime face, ce raisonnement généalogique n'est pas défectueux. À condition d'établir la réalité :

1) des inégalités matérielles ;
2) de leur lien aux rôles socio-économiques envisagés ;
3) des stéréotypes allégués ;
4) du lien de causalité entre rôles socio-économiques et stéréotypes ;
5) enfin, du rapport de ces stéréotypes à la biologie.

Examinons les cinq aspects du raisonnement des féministes du genre :

1) Que persistent des inégalités matérielles entre hommes et femmes n'est pas douteux. Oui, la rémunération des femmes reste globalement inférieure à celle des hommes. Oui, les lieux du pouvoir économique et politique sont encore fort masculins. Tout cela est avéré.

2) Qu'une part de ces inégalités puisse être mise en rapport avec des rôles socio-économiques particuliers est également sans conteste : ainsi les tâches liées à la maternité ne sont-elles pas rémunérées, sauf congé parental, et de nombreux

métiers à dominante féminine (infirmière, institutrice, assistance sociale) sont moins rémunérés que les métiers à dominante masculine.

3) Du grec ancien στερεός, *stereos* (« ferme, dur, par extension robuste, vigoureux ») et τυπος, *typos* (« empreinte, marque »), le stéréotype est une généralisation caractérisant un groupe de personnes. Les stéréotypes peuvent être – mais ne sont pas nécessairement – généralisés à l'excès, inexacts et capables de résister à l'information nouvelle (selon l'excellente définition qu'en donne Wikipédia). Autrement dit, le stéréotype, comme le préjugé – dont il est voisin –, peut être vrai, faux, approximatif ou sans valeur de vérité. Il est positif ou négatif pour le groupe considéré.

Karl Popper distinguait deux sortes de théorie : celles qui sont structurellement réfutables – *i.e.* on peut, en principe, démontrer par des faits qu'elles sont fausses – et celles qui résistent à la démonstration du contraire. Dans la première catégorie, on trouve la physique, la théorie darwinienne de l'évolution. Dans la seconde, la psychanalyse, le marxisme, l'astrologie : quel que soit le fait produit, ces théories sont capables de le « digérer ».

Pour que les études de genre accèdent à la première catégorie, qui est celle de la science, il faudrait produire des listes précises de stéréotypes pour telle société, à telle époque. La scientificité de cette liste requerrait la définition du stéréotype, la démonstration que les membres de la société considérée adhèrent à un ensemble déterminé de stéréotypes – pas tout le monde, tout le temps, mais il faudrait des tendances nettes –, et que ces stéréotypes déterminent leur comportement. Concrètement, il s'agirait de mettre en place un groupe expérimental, et un groupe de contrôle, pour éprouver les résultats du groupe expérimental, ce qui est le protocole scientifique usuel, et pas sur « un » mais sur « les » (tous les) stéréotypes entretenus par la société considérée sur le groupe étudié (hommes, femmes).

En dépit de recherches approfondies, nous n'avons rien trouvé de tel dans l'abondante littérature à prétention scientifique du genre, seulement des enquêtes limitées, généralement publiées dans des revues de psychologie, qui attestent d'une part de l'existence de mécanismes stéréotypiques, d'autre part de la réalité de certains stéréotypes tels que « les hommes sont plus doués en maths » ou « les hommes sont plus doués en informatique ».

La réalité des mécanismes stéréotypiques n'est pas contestée, car au-delà d'un certain niveau de généralité, stéréotype est synonyme de mot (un mot est toujours un stéréotype). Or, les mots, notre langage, influencent notre vision de la réalité. À cet égard, les propositions : « Il y a des stéréotypes dans nos sociétés » ou « Les femmes font l'objet de stéréotypes dans notre société » sont des tautologies (pas de société sans stéréotype ; tous les groupes font, par définition, l'objet de stéréotypes, ne serait-ce que par le fait qu'ils sont nommés). La question est de savoir quels sont exactement les stéréotypes sur les hommes et les femmes dans la France d'aujourd'hui ? Tant qu'on n'aura pas répondu à cette interrogation par une série précise et exhaustive, scientifiquement éprouvée, de stéréotypes, tout article débutant par « les stéréotypes sur les femmes » (sont la cause de x ou y) restera comme une phrase sans sujet.

4) Le lien de causalité entre stéréotypes et rôles socio-économiques est également incertain. Deux remarques préalables : a) que certains rôles socio-économiques soient influencés par certains stéréotypes est avéré (par exemple, dans les métiers en rapport avec les maths et l'informatique, deux secteurs bien documentés par la littérature) ; b) que les stéréotypes se renforcent parfois d'eux-mêmes l'est également. Dès lors qu'un stéréotype s'affirme dans une société, il est possible que l'effet aille au-delà de la cause, biologique ou non, du stéréotype. Exemple : même si l'écart naturel d'aptitude aux maths entre hommes et femmes n'est pas considérable (hypothèse), il est sans conteste que certaines cultures renforcent l'embranchement des garçons vers les maths (études et métiers) en systématisant l'idée que les maths, c'est plus un truc de mecs. Toutefois, le fait de prouver le caractère auto-renforçant du stéréotype n'invalide en rien l'origine biologique éventuelle dudit stéréotype (sa valeur de vérité objective).

De plus, prouver qu'il existe un lien de causalité entre tel stéréotype « les garçons sont plus doués en informatique » et la forte présence masculine dans les études et métiers informatiques est une chose ; démontrer qu'il existe un lien de causalité global entre « les stéréotypes sur les femmes » et la distribution générale des rôles socio-économiques en est une autre. Dit autrement, ce n'est pas parce que des stéréotypes jouent un rôle important à tel niveau micro, qu'il en est de même au niveau macro : le raisonnement n'est pas valide (induction). Surtout, l'affirmation de ce lien de causalité global requiert l'élucidation préalable de la table des stéréotypes dans la société considérée (point précédent), et de leur rapport à la biologie (point suivant).

5) À supposer qu'un index scientifique des stéréotypes en vigueur dans la France d'aujourd'hui soit produit, il resterait à rendre compte de leur rapport à la biologie. Car, de deux choses l'une : soit les stéréotypes sont exclusivement culturels, sans aucun substrat naturel pour aucun d'entre eux, alors une explication de type causal qui se fonde sur les stéréotypes est envisageable. Mais l'hypothèse est absurde. Soit certains stéréotypes ont un substrat naturel, mais alors une théorie qui se fonde sur la causalité « des » – de tous

les – stéréotypes, sans distinction, perd toute signification, puisque cela revient à désigner tout uniment la nature et la culture, sans distinguer la part de l'une, ni de l'autre.

Les auteurs du genre se contentent de rejeter comme hors sujet, voire « neuro-sexiste » (Cordelia Fine), toute considération tirée de la biologie, en concédant tout au plus que certaines différences sociales entre hommes et femmes *pourraient* être liées à la nature. Aussi longtemps que ce « pourraient » restera suspendu dans l'éther de l'impensé, il n'y aura pas d'étude scientifique des stéréotypes du genre, seulement une théorie non réfutable au sens de Popper.

Le plafond de verre et les rôles professionnels préoccupent les féministes du genre. Mais la pierre angulaire de leur utopie, et il n'est que d'en juger par le nombre de pages qu'elles lui consacrent, est la répartition des tâches domestiques. Les féministes du genre en appellent à porter le glaive de la justice dans les péripéties de la vie de famille, pour forcer une égale implication des hommes dans la cuisine, le ménage, le repassage, le nettoyage des vitres, l'époussetage, le rangement.

On est en droit de se demander, au terme de ce périple dans la littérature du genre féministe, si l'égalitarisme n'en constitue pas le moteur et le projet, dont la théorie des stéréotypes ne serait que l'habillage conceptuel.

Car, en somme, les féministes du genre postulent, au fondement de leur théorie, la parfaite interchangeabilité des hommes et des femmes, qui est également leur projet politique.

Ayant gambadé sur les branches du genre, nous allons à présent analyser plus avant les deux arguments qui forment leur tronc commun : la problématisation de la biologie sexuelle, et l'idée que des relations de pouvoir déterminent le genre.

7- TROUBLE DANS LA BIOLOGIE

N'est-elle pas fascinante, cette capacité qu'ont les départements de sciences humaines à développer des théories radicalement inconciliables avec les travaux de leurs voisins des sciences exactes ? On se saisit d'un champ d'investigation abondamment labouré par les sciences exactes, et par la magie d'une formule – « Tout est langage », « Tout est politique » –, on se dispense d'en tenir aucun compte.

Ainsi de l'altérité sexuelle. Que se présentent, à la naissance, des cas d'indétermination sexuelle, d'hermaphrodisme et toute une série de cas limites, abondamment documentés par le fondateur des études de genre John Money, personne ne le nie : la nature n'a pas la précision des mathématiques. Mais il n'existe probablement pas un seul article publié dans une revue de biologie *peer-reviewed* depuis deux siècles qui nie l'altérité sexuelle de l'homme et de la femme.

Vient Judith Butler qui, d'un coup de baguette philosophique, rejette ces considérations, pour affirmer que le sexe n'a rien à voir avec la nature : il est tout culturel.

Hégélienne de formation – elle consacrait sa thèse à la réception, en France, de l'œuvre du philosophe allemand –, Butler n'ignore pas les impasses et apories de l'idéalisme au sens strict, selon lequel il n'y a pas de réalité en dehors du langage et de ses concepts. Elle n'a de cesse, tout au long de ses ouvrages, de prendre formellement ses distances avec l'idéalisme ; Butler feinte, elle esquive et se dérobe, dans un grand brouillage de mots. Ainsi consacrait-elle un ouvrage entier – *Bodies That Matter* – à la question de l'autonomie du corps humain par rapport au langage, pour conclure, dans son style inimitable, à la « sédimentation intégrale » du corps par la culture, *i.e.* zéro autonomie pour la biologie, la culture est reine. Au terme du périple butlérien, tout est langage, tout est culture, Butler est une idéaliste et hors l'idéalisme il n'y a pas de butlérisme, car on retomberait sur le modèle classique du sexe naturel/genre culturel.

On ne fera pas grief à la philosophe américaine de cette négation de la biologie : elle ne pouvait y échapper, dès lors qu'il s'agissait de problématiser, de marginaliser, de réprouver et de dénoncer l'hétéronormativité. Car concéder la naturalité de la distinction des sexes obligerait à considérer que le primat de l'hétérosexualité n'est pas seulement, voire pas du tout, le fruit de la violence et de relations de pouvoir illégitimes.

Que dire de la reprise de ce rapport troublé à la biologie par l'autre branche du genre, les féministes du genre ? Qu'il ne répond à aucune nécessité et qu'il repose sur une confusion. Rappelons leur schéma de pensée :

Stéréotypes => rôles socio-économiques peu ou mal rémunérés pour les femmes => inégalités matérielles entre hommes et femmes

Si les stéréotypes sont ancrés, ne serait-ce que partiellement, dans la biologie, pressentent les féministes du genre, alors cela donne à ces horreurs une sorte de légitimité. Or, ce raisonnement est erroné. Car l'on peut fort bien concéder l'altérité sexuelle et considérer qu'aucun rôle socio-économique – fût-ce parent au foyer, sage-femme, institutrice maternelle, infirmière, garagiste ou chef de chantier –, n'échoit nécessairement à l'un des deux sexes. À l'inverse, il est plaidable que, même si les stéréotypes sont intégralement culturels, ils ne sont pas nécessairement illégitimes. L'évitement de la question biologique est donc la pire des entrées en matière pour les féministes du genre. Que ce soit par mimétisme, ignorance ou commodité, peu importe : la négation, par les féministes du genre, de la dimension possiblement biologique des stéréotypes, est une négation de leur objet d'étude. Pour le dire autrement, par ce déni, elles se condamnent à s'ébrouer, en marge de la science, dans un sous-genre littéraire d'autant plus acrimonieux qu'il se sait mal fondé.

Active (genre homosexualiste) ou passive (genre féministe), la négation de la biologie forme l'assise de la théorie du genre.

8- *POWER !*

Lors de sa leçon inaugurale au Collège de France, le 2 décembre 1970, Michel Foucault présentait sa conception de l'histoire : « L'histoire depuis longtemps ne cherche plus à comprendre les événements par un jeu de causes et d'effets dans l'unité informe d'un grand devenir, vaguement homogène ou durement hiérarchisé ; mais ce n'est pas pour retrouver des structures antérieures, étrangères, hostiles à l'événement. C'est pour établir les séries diverses, entrecroisées, divergentes souvent mais non autonomes, qui permettent de circonscrire le "lieu" de l'événement, les marges de son aléa, les conditions de son apparition. »

Ce qui signifie, en français courant, qu'au lieu de s'échiner à identifier des structures dans le devenir historique, comme le faisaient Thucydide, Tite-Live,

Edward Gibbon ou Henri Pirenne, l'historien foucaldien proposera à ses lecteurs une fresque reflétant son ressenti et ses préférences subjectives.

Quelques années plus tard, Foucault précisait son concept du pouvoir : « Ne cherchons pas l'état-major qui préside à sa rationalité ; ni la caste qui gouverne, ni les groupes qui contrôlent les appareils de l'État, ni ceux qui prennent les décisions économiques les plus importantes ne gèrent l'ensemble du réseau de pouvoir qui fonctionne dans une société (et la fait fonctionner) ; la rationalité du pouvoir, c'est celle de tactiques souvent fort explicites au niveau limité où elles s'inscrivent – cynisme local du pouvoir – qui, s'enchaînant les unes aux autres, s'appelant et se propageant, trouvent ailleurs leur appui et leur condition, dessinent finalement des dispositifs d'ensemble [...]. »

Foucaldienne, Butler reprend à son maître pointilliste en philosophie le concept de relations de pouvoir, gros de promesses infinies, puisqu'il ne signifie rien par lui-même, pour l'appliquer à la prise de pouvoir universelle du lobby hétérosexuel. Selon Butler, nous assistons dans l'histoire de l'humanité, depuis l'aube des temps, à la domination illégitime de la caste hétérosexuelle.

Également fidèle à la conception foucaldienne de l'histoire, Naomi Wolf publiait en 1991 – soit un an après *Gender Trouble* – *The Beauty Myth*, un ouvrage fondateur du féminisme du genre.

La thèse de Wolf est que les hommes de pouvoir se servent du « mythe de la beauté » comme d'une arme politique contre les femmes. En effet, le mythe de la beauté fixe des canons esthétiques que la plupart des femmes n'atteindront jamais. D'où l'explosion de la chirurgie esthétique. L'âge de la Chirurgie succède, aux environs de 1990, à l'âge de la Bombe atomique. Les chirurgiens esthétiques se comportent d'ailleurs comme les médecins nazis, souligne Wolf, car ils opèrent des femmes qui ne sont pas malades (Juifs, Tziganes et autres homosexuels n'étaient pas consentants, et souvent morts à la fin de l'expérience : détails ?). Échouant dans leur quête du Graal esthétique, les femmes sont malheureuses, alors elles divorcent. Or, précisément, le capitalisme préfère les familles dysfonctionnelles, qui s'atomisent en individus esseulés : autant de proies pour le chat capitaliste.

« Mais des intérêts plus puissants encore que l'indice de consommation dépendent de l'aliénation hétérosexuelle et sont menacés par l'accord hétérosexuel, poursuit Wolf. L'armée est financée par près d'un tiers du budget du gouvernement des États-Unis ; le militarisme est dépendant du choix que font des hommes de se lier entre eux plutôt qu'avec des femmes et des enfants. Des hommes qui aimeraient les femmes redonneraient leur loyauté à la famille et la communauté […]. Des hommes et des amoureux sérieux ne seraient plus disposés à croire aux standards de la propagande militariste […]. Ce pourcentage de l'économie est menacé par l'amour hétérosexuel. » On reste comme broyé par l'enchâssement des rouages du raisonnement.

Wolf partage avec Butler l'idée que derrière tout ce qui l'oppresse, dans la société et la culture occidentales, se dressent les tentacules d'un pouvoir suprême qu'il faut conquérir. Toutefois le titulaire du pouvoir au sens de Butler – le lobby hétérosexuel de toutes les époques – n'a rien à voir avec le titulaire du pouvoir au sens de Wolf – le complexe militaro-industriel. On peut même dire qu'ils sont radicalement incompatibles, car selon Wolf c'est précisément le pouvoir qui entrave l'amour hétérosexuel.

Venons-en maintenant à un cas du genre féministe appliqué : la théorie de la violence. Nous commencerons par le constat, pour remonter au concept et à son incarnation en droit, avant de conclure sur la thèse du continuum entre stéréotypes et violence.

9- FÉMINICIDE

« Cela se passe en Europe. La violence exercée contre les femmes par un partenaire de sexe masculin y atteint des dimensions hallucinantes. Au sein du foyer, les brutalités sont devenues, pour les Européennes de 16 à 44 ans, la première cause d'invalidité et de mortalité avant même les accidents de la route ou le cancer... » écrivait Ignacio Ramonet, dans *Le Monde diplomatique*, en juillet 2004.

Depuis, la presse européenne fait régulièrement état du fait que la violence conjugale est la première cause de mortalité et invalidité chez les Européennes de 16 à 44 ans, avant les accidents de la route ou le cancer, et les féministes du genre parlent de « féminicide ». Quelle est la source de cette affirmation reprise dans toutes les langues européennes ?

Nos recherches nous ont mené à la recommandation 1582 de l'Assemblée parlementaire du Conseil de l'Europe, « Violence domestique à l'encontre des femmes », adoptée le 27 septembre 2002, qui stipule : « Selon les statistiques, pour les femmes de 16 à 44 ans, la violence domestique serait la principale cause de décès et d'invalidité, avant le cancer, les accidents de la route et même la guerre. »

Aucune étude n'étant mentionnée à l'appui de cette statistique, ni dans la recommandation, ni dans ses rapports préliminaires (Doc. 9525, 17 juillet 2002 et Doc. 9563, 23 septembre 2002), tournons-nous vers les statistiques françaises, pour ne considérer que la variable la plus importante, celle de la mortalité. Voici les statistiques des causes de mortalité pour la France, en 2004 : Tumeurs : 152 708 décès (dont 62 020 femmes) ; maladies cardio-vasculaires : 147 323 ; accidents : 24 231 (dont 1 354 femmes pour les accidents de transport) ; maladie d'Alzheimer : 11 821 ; suicide : 10 797 (dont 2 944 femmes) ; diabète : 10 891 ; pneumonie, grippe : 9 651 ; démences : 8 988 ; maladies chroniques : 8 585 ; maladies chroniques du foie &

cirrhose : 7 762 ; maladie du rein uretère : 6 150 ; Parkinson : 3 699 ; toutes autres causes 106 802 ; dont : violence conjugale 162 femmes, 25 hommes ; Toutes causes : 509 408 (dont 246 338 femmes).

La violence conjugale contre les femmes représente donc très exactement 0,00065 % des décès de femmes comptabilisés en 2004. En 2004, la probabilité pour une femme de mourir du cancer était 382 fois supérieure à celle de succomber sous les coups de son (ex-)conjoint. Dans la tranche « Conseil de l'Europe », soit 16-44 ans, le nombre de femmes décédées de tumeur, en 2004, était de 2 489 (soit quinze fois plus que le total des femmes, toutes classes d'âge confondues, victimes de violence conjugale).

Ce léger hiatus entre la réalité et la statistique du Conseil de l'Europe est instructif à plus d'un titre. Relevons, entre autres :

1) On fait notoirement dire aux statistiques ce que l'on veut ; le Conseil de l'Europe montre qu'il suffit déjà de dire « statistique », sans en mentionner aucune, pour convaincre.

2) Tant est grand le prestige du Conseil sis à Strasbourg que l'information fut

reprise, par la presse, dans toutes les langues du continent européen.

3) La propagande est d'autant plus efficace qu'elle s'exerce dans un contexte de liberté de l'information (par opposition à son cadenassage autoritaire).

4) La recommandation 1582 s'inscrit dans un processus d'auto-légitimation normative, qui débute par des réunions de travail, sur la violence contre les femmes, organisées par le Conseil de l'Europe au début des années 1990, pour culminer dans la convention sur les violences de genre adoptée, à Istanbul, en 2011.

5) Rien de tout ceci n'aurait été possible si la théorie du genre n'y avait préparé les esprits, en montrant que la violence contre les femmes participe de l'essence de nos sociétés.

10- LA VIOLENCE D'UN MOT

Qu'un parlementaire soit sanctionné parce qu'il dit « Madame le président » au lieu de « Madame la présidente » peut surprendre. En réalité, la sanction s'impose, dès lors que cette différence subtile trahit la violence sexiste de notre langage.

Du point de vue de Butler, le fait que la plupart des langues véhiculaires distinguent le masculin et le féminin, en donnant le primat au masculin, revient en effet à consacrer la tyrannie du modèle hétérosexuel. C'est moins le primat grammatical du masculin qui pose problème à Butler, que le fait même de la dualité de ces catégories. Tandis qu'à l'inverse, les féministes du genre objectent au primat du masculin sur le féminin davantage qu'à la binarité de ces catégories.

Quoi qu'il en soit, dès lors que l'on considère que la violence s'exerce jusqu'au plus infime des catégories du langage, il devient légitime d'y porter le fer – ce que fit la même présidente faisant fonction de l'Assemblée nationale en déposant une proposition de loi visant à débaptiser les écoles maternelles, en raison du lien absurde que suggère cette appellation entre la petite enfance et la figure de la mère.

Depuis l'aube des temps juridiques – qui, pour ce qui nous concerne, se levait il y a deux millénaires et demi sur les collines romaines –, jusqu'à nos jours, le droit pénal réprime la violence physique, sa menace et des formes de violence psychologique clairement circonscrites qui lui sont directement liées.

Avec l'avènement du genre et dès lors que la violence est partout, jusque dans le langage, cet aveuglement du législateur face à la réalité protéiforme de la violence devenait insupportable : il s'imposait de réprimer, non plus seulement la violence physique, mais désormais toutes les formes de violence.

Ainsi vit-on éclore, à travers l'Europe et jusqu'au sein de l'inévitable Conseil éponyme, des lois instituant la violence psychologique, la violence économique et jusqu'à la « violence de genre » (droit espagnol) en délits pénaux sévèrement réprimés. Le délit général de violence psychologique fut introduit, en droit français, par une loi de 2010. Les travaux préparatoires de cette législation la justifient par la nécessité de combattre le « pervers narcissique » – une figure de la psychanalyse française –, coupable de violence psychologique contre les femmes. À aucun moment, le législateur ne prit la peine de définir le concept extrêmement large de violence psychologique, s'en remettant *de facto* au juge pour définir le délit. Ce qui fait injure aux principes les plus élémentaires des droits de la défense – *nullum crimen sine lege* : il n'est de crime qui n'ait été soigneusement défini au préalable par la loi car sinon, comment se garder de l'arbitraire du juge et de l'État ? – et de la stricte interprétation du droit pénal. Qu'est-ce que la violence psychologique ? Même conceptuellement, en deçà de toute considération juridique, il est malaisé d'en définir le spectre. Une mine boudeuse relève-t-elle de la violence psychologique ? Le refus d'embrasser, la froideur ? Non, bien entendu. Pourtant, ces exemples sont tirés des travaux parlementaires de la loi de 2010 et de l'audition de la spécialiste Marie-France Hirigoyen, auteur de plusieurs essais dans le genre violence psychologique.

Le débat n'est pas de savoir s'il existe des formes de violence psychologique qui méritent d'être réprimées : ce n'est pas douteux et, du reste, la tradition juridique ne s'en est pas privée. Comment nier que la violence physique au sein d'un couple s'accompagne toujours de violence psychologique, ne serait-ce que par la menace sous-jacente de nouvelles irruptions de violence physique ? Comment nier que des hommes et des femmes mènent un travail de sape systématique de la personnalité de celui, ou celle, qui a le malheur d'être leur partenaire – et de le rester ? Le problème est qu'en instituant des délits généraux à l'éventail aussi large, qui sont comme des filets dérivants, on recrée au cœur même du droit pénal cet arbitraire que l'Occident mit cinq siècles à bannir (tradition de l'État de droit, du *Rechtsstaat*, de la *rule of law* et du constitutionnalisme américain). Car, si la loi ne définit pas le délit, qui le fera ? Le juge, l'expert psychiatrique, voire la victime elle-même : s'agissant d'un délit dont le dommage s'inscrit tout entier dans le secret de son âme, comment faire l'économie de la parole de la victime lorsqu'il s'agit de l'avérer ?

La convention d'Istanbul oblige également les États membres du Conseil de l'Europe à pénaliser la violence économique contre les femmes. On songe à ce film dans lequel Christian Clavier refuse à son épouse sa carte bleue : « Pas de sexe, pas de carte bleue. » Garde à vue ?

On aurait pu imaginer que cette extension à l'infini du domaine et du concept de la violence marquerait l'apothéose finale du féminisme du genre. Pas du tout : telle la matrice des aliens qui surgit à la fin, plus énorme que toutes ses créatures, voici la thèse du continuum entre violence et stéréotypes.

11 - « CONTINUUM » (SCIENCE-FICTION)

Pour asseoir définitivement la nocivité des stéréotypes, des féministes du genre eurent l'idée de les lier à la violence contre les femmes. Il existe, selon ces auteurs, une continuité entre les stéréotypes sur les femmes et la violence dont elles sont victimes. D'où ce beau mot de *continuum*, plus smart et science, bientôt repris par le site officiel du ministère français des Droits des femmes (et par le ministère de l'Intérieur) :

> Le ministère des Droits des femmes a fait de la lutte contre toutes les violences faites aux femmes une priorité. Ces violences s'inscrivent dans un continuum, qui trouve sa source dans les stéréotypes de genre et qui se prolonge jusqu'aux crimes sexuels et aux meurtres conjugaux[4].

4. http://femmes.gouv.fr.

Qu'est-ce à dire ?

Dans un article sur les rapports de domination entre hommes et femmes, la féministe du genre S. Heine écrit :

> *Les stéréotypes sur la supposée « nature féminine » font partie des raisons expliquant la persistance de la domination des hommes sur les femmes.* [...] des formes plus subtiles de violence se sont développées, qui comportent de la manipulation et de l'abus verbal et psychologique. Or, on ne peut saisir ces formes particulières d'abus sans prendre en compte le rôle joué par les stéréotypes plus larges concernant les différences sociales et comportementales attribuées aux deux sexes. Dès lors, *les formes extrêmes de contrôle qui peuvent s'installer dans les couples ne se distinguent que par leur intensité des rapports de domination plus larges facilités par ces stéréotypes.* Les mêmes clichés [...] sont mobilisés pour légitimer les privilèges détenus par les hommes dans la société et pour instaurer une oppression plus ouverte sur certaines femmes dans la sphère privée. En d'autres termes, *les diverses manifestations des rapports de domination entre les sexes se différencient par leur degré plutôt que par leur nature*[5].

---

5. . S. HEINE, « Stéréotypes différencialistes et rapports de dominations (*sic*) entre hommes

L'auteur explique que les contraintes esthétiques qui pèsent sur les femmes contribuent à les insécuriser, et que ces contraintes sont des outils de domination pour les hommes « abuseurs ». Les stéréotypes de la femme-objet et de la femme décente sont mêmement utilisés pour cloîtrer la femme dans des rôles, avec punition pour les femmes qui en enfreignent les limites. L'empathie féminine pousse les femmes à accepter des situations de domination objectivement intolérables, voire à pardonner à leur abuseur en valorisant l'expression de ces qualités masculines stéréotypiques que sont la force et l'agressivité. Le stéréotype de la mauvaise mère permet à l'homme abusif de se décharger sur sa compagne de la plupart des tâches ménagères, en culpabilisant sa victime récalcitrante.

Telle est donc la structure récurrente du raisonnement : 1) l'affirmation « il existe tel stéréotype », sans limite de temps ou d'espace, sans définition du concept de stéréotype ni du stéréotype particulier considéré ; 2) l'affirmation

---

et femmes », Centre féminin d'éducation permanente, 2013. Nous soulignons.

que ce stéréotype induit une domination des hommes sur les femmes et 3) l'affirmation que, de la domination à l'abus et la violence, il n'y a qu'un pas : « une différence de degré et non de nature ». Ce qui donne, schématiquement :

Stéréotype => domination => violence

Les féministes du genre ont-elles considéré le corollaire de la thèse du continuum : l'irresponsabilité des conjoints violents, qui en est la suite nécessaire ? Car, si la thèse du continuum était avérée, on ne pourrait guère reprocher au conjoint violent (et au violeur) que de radicaliser, d'interpréter ou appliquer trop littéralement, des stéréotypes qui le dépassent.

De plus, comment réconcilier la théorie du continuum avec le fait que les études scientifiques menées sur le couple occidental contemporain indiquent que les femmes sont portées à la violence psychologique dans des proportions comparables aux hommes[6] ? On ne voit guère

---

6. Cf. cette étude du gouvernement du Canada, « La violence psychologique – un document de travail, 2008 », http://www.phac-aspc.gc.ca/ncfv-cnivf/famvio-fra.php (site consulté

que la théorie du continuum puisse rendre compte de cette réalité.

La thèse du continuum paraît, en l'état, une hypothèse audacieuse, plutôt qu'une théorie.

Nous en arrivons à la dernière question à traiter : celle de la relation entre les deux branches du genre.

---

le 21 août 2014). La tendance égalitaire est confirmée par les rapports ultérieurs du gouvernement canadien ; cf. par exemple STATISTIQUES CANADA, *La Violence familiale au Canada : un profil statistique*, 2011, p. 9 : « Parmi les Canadiens interrogés sur leurs expériences durant les 12 mois précédents, la proportion disant avoir été victimes de violence conjugale est tombée à 2 %. *Une fois de plus, le résultat était semblable chez les hommes et les femmes* » (nous soulignons). Cf. également cette intéressante étude statistique menée sur une population de 1 800 étudiants universitaires espagnols (Madrid) des *deux* sexes qui indique, *selon le point de vue de l'agresseur* comme celui de l'agressé, une nette prévalence de la violence psychologique *féminine* : M.J. MUÑOZ-RIVAS, J.L. GRAÑA GÓMEZ, K.D. O'LEARY, P. GONZÁLEZ LOZANO, « Physical and Psychological Aggression in Dating Relationships in Spanish University Students », *Psicothema*, vol. 19, n° 1, 2007, p. 102-107.

12- LE GENRE HOMOSEXUALISTE COMME MÂLE DOMINANT

Un rapport troublé à la biologie sexuelle et l'idée que le genre est le fruit du pouvoir : telle est la base théorique commune, on l'a vu, du genre homosexualiste et du genre féministe. Ajoutons-y un même sujet – la relativité historique et spatiale des catégories du genre – et nous avons ce qui fait l'unité de la théorie du genre. Reste à examiner les rapports de convivialité qu'entretiennent les deux branches du genre.

Butler, on l'a compris, conteste toute autonomie à la biologie sexuelle, considère que le sexe prétendument naturel n'est qu'un legs culturel, intégralement

sédimenté par le langage – les chromosomes X et Y ne sont-ils pas symbolisés
par des lettres ? –, et que, dans le domaine
du genre, tout se vaut. Ainsi récuse-t-elle,
en toute logique, les catégories mêmes
d'homme et de femme, car ces catégories sont une concession à l'imposture
naturaliste.

Mais comment concevoir qu'une philosophie qui repose tout entière sur la
négation même de la catégorie de femme
serve la cause et les intérêts de son sexe ?
Par ce motif, Sylviane Agacinsky qualifie
le genre de Butler de « subversion du
féminisme » : sous couvert de féminisme,
il s'agit d'avancer des intérêts certes
légitimes, mais complètement distincts,
qui sont les intérêts de la communauté
homosexuelle.

Si le genre féministe et le genre homosexualiste ont un adversaire commun –
l'homme hétérosexuel et sa culture –, ils
s'opposent radicalement pour le surplus,
le genre féministe s'attachant aux intérêts
de ces femmes hétérosexuelles dont Butler
nie jusqu'à la réalité.

Butler est cohérente, stratégique et
articulée. Elle récuse la biologie par
nécessité, et se drape des oripeaux du

féminisme à une époque – 1990 – où les revendications homosexuelles n'étaient pas aussi *mainstream* qu'elles le sont devenues. En s'engouffrant, à la suite de Butler, dans la négation de la biologie, les féministes du genre servent des intérêts étrangers à leur cause qui est, en dernière analyse, la complète égalité matérielle des hommes et des femmes.

Ne prenons que deux exemples concrets de la façon dont s'éloignent les deux branches du genre.

Au titre de l'égalité entre garçons et filles, la Fédération Wallonie-Bruxelles – composante francophone de la Belgique – recommande officiellement aux enseignants l'usage en classe des ouvrages suivants : *Mehdi met du rouge à lèvres*, *La Nouvelle Robe de Bill*, *Papa porte une robe* ; *Milli Molly et toutes sortes de papas*, etc. En quoi ces « supports pédagogiques privilégiés » intéressent-ils l'égalité entre hommes et femmes ?

C'est sur la procréation que s'accuse le plus nettement la divergence entre les deux branches du genre. Le projet du genre homosexualiste est de détacher la procréation de l'hétérosexualité, ce qui est cohérent avec la vision de l'hétéro-sexualité comme tyrannie à dépasser. En témoignent les revendications en faveur de la procréation médicalement assis-tée (PMA) pour couples homosexuels, et surtout de la grossesse pour autrui (GPA), qui permet en effet de scinder radicalement la procréation et le couple hétérosexuel. Mais le mouvement fémi-niste authentique sait qu'il renierait son histoire en prônant la location du ventre des femmes. C'est vraisemblablement sur ce sujet que se fera le divorce des deux branches du genre.

Ah, si les féministes du genre lisaient Butler…, sa volonté revendiquée d'écra-ser l'hétérosexualité, la réhabilitation de l'inceste, via la problématisation de son tabou sur des dizaines de pages, les plaisirs foucaldiens intergénérationnels, etc. Combien de femmes, combien de féministes se reconnaîtraient dans ce projet ? Quel est le pourcentage de femmes – et d'hommes – qui voudraient d'une société post-genre, dans laquelle le sexe biologique des enfants serait laissé à leur discrétion, sous le prétexte de ne pas reproduire la violence du genre hétéronormé ?

Le genre homosexualiste est le mâle dominant des études de genre ou, pour le dire autrement, les féministo-genristes sont les idiotes utiles du genre Butler.

ÉPILOGUE - RETOUR SUR LE CAS BRUCE REIMER

Non seulement Judith Butler revient sur le cas Reimer – elle y consacre un chapitre de son ouvrage *Undoing Gender* –, encore estime-t-elle que le destin de Bruce Reimer valide sa théorie culturaliste. Le problème, explique Butler, n'est pas la discordance entre l'éducation féminine de Brenda et son sexe masculin, il est que le docteur Money est tombé dans le panneau de la dualité sexuelle, selon laquelle on est fille ou garçon. Butler ne le dit pas, mais on conçoit qu'à son estime, le mieux eût été de laisser Bruce inventer son propre genre, en mettant à profit cette circoncision ratée pour échapper à la binarité morbide du masculin et du féminin. Et

de rêver d'un monde dans lequel les individus avec des attributs génitaux mixtes
seraient acceptés et aimés sans avoir à être
mutilés pour se conformer à une vision
normative du genre. Toutes considérations
sympathiques, mais complètement étrangères au cas de Bruce Reimer, né garçon
100 %, qui se percevait comme tel et qui
fut mutilé au nom du préjugé idéologique
moneyto-butlérien du primat de la culture
sur la nature.

Butler possède un culot, des ressources théoriques et rhétoriques, qui la
distinguent de la plupart des auteurs du
genre. Lesquels préfèrent omettre prudemment le docteur Money de leur lignée,
en barrant sa conception d'un infamant
« dépassée ». Ainsi d'Éric Fassin, qui
explique que les auteurs de genre s'inscrivent désormais dans une perspective
« critique », alors que la perspective du
docteur Money était « normative ». Ce
qui bien entendu ne veut strictement rien
dire, car une perspective critique ne peut
procéder que des normes qui la fondent. Il
n'existe que deux registres : le descriptif,
celui de la science, et le normatif, celui
de la morale, du droit, de la politique.
Le registre critique relève du registre

normatif. En réalité, la perspective culturaliste normative du docteur Money est
intégralement la même, en plus modéré
sur le plan théorique, que celle des études
de genre contemporaines.

En théorie comme en pratique, John
Money est le père du genre.

CONCLUSION - UNE DÉRIVE TECHNOCRATIQUE DÉCONNECTÉE DU DÉBAT DÉMOCRATIQUE

On assiste, dans nos sociétés, à un phénomène intéressant, celui du déplacement progressif de la source du droit, du niveau national vers le niveau international. Ce déplacement participe de la logique de la mondialisation : dans une réalité qui se mondialise, les normativités se mondialisent à sa suite.

Toutefois, les organisations internationales sont rarement soumises aux mêmes contraintes de publicité et de séparation des pouvoirs que les États nationaux. Ce qui permet à des coteries d'experts d'y imposer tranquillement leurs théories, aussi minoritaires et fantaisistes soient-elles. Avec l'avantage suprême de leur donner une valeur supra-constitutionnelle, puisque la plupart de nos États reconnaissent la primauté du droit international sur le droit national.

Ainsi du genre.

Si l'existence d'un sujet et d'un corps doctrinal communs définit une théorie, comme c'est le cas pour toutes les théories dans tous les domaines depuis que les Grecs ont inventé ce mot, alors il existe une théorie du genre, dont le sujet est l'étude de la relativité historique et spatiale des catégories du masculin et du féminin. La querelle sur l'existence de la théorie du genre est puérile et sans objet.

La théorie du genre se compose de deux branches – le genre homosexualiste et le genre féministe –, fondées sur un sujet commun, une commune problématisation de la distinction biologique des sexes, la conviction partagée que la domination du modèle hétérosexuel est née de relations de pouvoir illégitimes, et la volonté d'éradiquer l'idée qu'il existe des rôles masculins et féminins. Pour le reste – thèse, intérêts, projet –, les deux composantes de la théorie du genre divergent, jusqu'à la rupture prévisible sur des thèmes tels que la grossesse pour autrui (GPA).

Le genre homosexualiste et le genre féministe sont des théories non réfutables, c'est-à-dire structurellement inaptes à admettre la preuve contraire. Jamais aucun fait, événement ou expérience ne conduira un adepte de Butler ou de la thèse des stéréotypes à considérer que sa théorie est fausse.

Le genre homosexualiste est un idéalisme au sens strict – il n'y a pas de réalité en dehors du langage –, c'est-à-dire un relativisme, qui est une contradiction dans les termes. Le genre féministe procède par affirmations : stéréotypes, alors rôles sociaux différenciés, alors inégalités, ou : stéréotypes, alors domination, alors violence (thèse du continuum), qui n'accéderaient au rang scientifique qu'à la condition de circonscrire, dans le temps et dans l'espace, les stéréotypes allégués, et d'en définir le rapport à la biologie.

La théorie du genre est consacrée dans sa forme la plus radicale – visant à l'éradication des catégories du masculin et du féminin – par une convention internationale qui s'imposera aux législateurs nationaux et qui fut conclue, en 2011, avant que la presque totalité de ses destinataires n'ait eu conscience de l'existence de la théorie qui la sous-tend. Or, éradiquer tout ce qui est en rapport avec le masculin et le féminin reviendrait à éradiquer les concepts mêmes du masculin et du féminin.

Qu'un tel projet d'éradication soit exprimé dans des livres, des discours et des conférences n'est pas, en soi, surprenant, car en Occident l'expression des idées est libre.

Que ce songe totalitaire soit repris, jusque dans son phrasé, par le Conseil de l'Europe, sans débat ni publicité, est une illustration de la confiscation du débat démocratique par des experts internationaux sans visage, dont l'exorbitant pouvoir s'incarne et s'épuise dans une norme.

TABLE
DES MATIÈRES